AF278643

LE
PRINCE IMPÉRIAL

EN CAMPAGNE ET EN EXIL

PAR

UN CATHOLIQUE

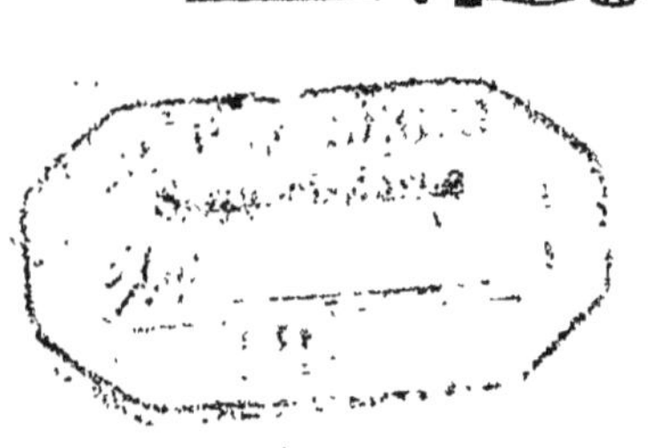

FONTAINEBLEAU

IMPRIMERIE DE ERNEST BOURGES

—

1871

LE PRINCE IMPÉRIAL

EN CAMPAGNE ET EN EXIL

PAR UN CATHOLIQUE

Il y a bientôt seize ans, sous les voûtes de Notre-Dame qui avait vu Pie VII sacrer Napoléon Ier, Louis-Napoléon Bonaparte, Prince Impérial de France, ondoyé dès sa naissance dans la chapelle des Tuileries, recevait les cérémonies du baptême.

Le Prince avait pour parrain Pie IX, le vicaire de Jésus-Christ ; pour marraine, sa tante, Joséphine de Beauharnais, reine de Suède.

Le cardinal Patrizzi, légat du Pape, 89 archevêques et évêques français étaient accourus pour bénir l'Impérial Enfant, aux acclamations enthousiastes des grands corps de l'État, des représentants de toute la France.

L'Empereur et l'Impératrice voulurent que la naissance du fils de France fût signalée par de nombreux actes de bienfaisance. Leurs Majestés furent parrain et marraine de tous les enfants légitimes nés le même jour que le Prince, l'Orphelinat du Prince Impérial fut fondé, de nombreuses aumônes répandues.

Louis-Napoléon était alors regardé comme l'espoir de la patrie, le fils de la France et le fils de l'Église.

Quelles que puissent être les destinées futures auxquelles Dieu jugera convenable de l'appeler, nous pouvons certifier qu'il se montrera digne de ces deux titres.

Son éducation, ses sentiments si Catholiques et si Français, ses premières années de jeunesse déjà éprouvées par l'adversité, nous en sont de sûrs garants.

Il nous a donc semblé intéressant de consacrer quelques pages à esquisser la vie et l'attitude du Prince durant les terribles périodes que nous venons de traverser.

I

EN CAMPAGNE

Dès la déclaration de guerre, il avait été décidé que le Prince Impérial partagerait les dangers et les fatigues de son père et de notre vaillante armée.

L'immense désir qu'il en avait depuis très-long-temps témoigné, l'obligation de faire honneur dès son adolescence à son nom, à sa haute position, avaient triomphé des craintes et des sollicitudes Impériales et paternelles qui jusqu'alors avaient retenu Leurs Majestés.

Dans cette résolution, il faut voir toute la grandeur d'un sacrifice.

L'Empereur, malgré ses inquiétudes, se sentait fier d'avoir à ses côtés dans cette guerre, la plus juste et la plus française qui fût jamais, son fils et son héritier.

Chez l'Impératrice, comme aux jours d'Amiens et de l'Hôtel-Dieu, le sentiment du devoir avait dompté les anxiétés, comme le prouve bien cette dépêche envoyée à sa mère, la comtesse de Montijo, au moment du départ du Prince : « Louis partira dans quelques jours avec son père pour l'armée ; je désire que vous lui envoyiez votre bénédiction avant son départ. Il faut qu'il fasse son devoir et honneur à son nom. »

Chez le Prince se manifestaient plusieurs senti-ments bien distincts : la foi du Chrétien qui s'élève d'abord vers Dieu au moment du danger ; l'ardeur bien naturelle à un jeune homme épris de la gloire des armes, fier de servir de bonne heure son pays, et partant pour sa première campagne ; puis les réflexions sur les grands mais tristes spectacles auxquels il aurait à assister.

La veille de son départ pour Metz, le Prince Impérial, ainsi du reste que l'Empereur et l'Impératrice, s'était confessé et avait avec eux entendu la messe et reçu la sainte-communion dans la chapelle du château de Saint-Cloud.

Ensuite, l'Impératrice mena son fils prier à Notre-Dame des Victoires, et lui fit recevoir le scapulaire.

Quelques jours avant le départ du 2e régiment de voltigeurs, alors en garnison à Saint-Cloud, le Prince Impérial alla de lui-même, accompagné de deux de ses meilleurs amis, MM. Conneau et Tristan Lambert, visiter tous les postes et toutes les sentinelles du château et du parc.

A chaque soldat, il remettait de sa main une médaille bénite de Notre-Dame des Victoires, qu'il accompagnait des paroles les meilleures et les plus encourageantes.

Il chargea le fils du baron Lambert, engagé volontaire pour la campagne, de continuer de sa part dans son régiment, cette distribution de médailles.

L'Impératrice, comme aux expéditions de Crimée et d'Italie, en avait, ainsi que ses nièces les duchesses d'Albe, distribué une grande quantité.

Le jeudi 28, l'Empereur et le Prince Impérial arrivèrent à Metz ; ils y furent reçus avec un immense enthousiasme ; le Prince portait l'uniforme de sous-lieutenant d'infanterie, moins les épaulettes, avec la médaille militaire et la plaque de grand-croix de la Légion d'honneur.

L'abbé Métairie, qui l'année précédente avait accompagné l'Impératrice en Égypte, faisait partie de l'état-major impérial, avec le titre d'aumônier de l'Empereur.

A Metz, le Prince Impérial visita successivement et en grands détails, tous les camps et tous les forts.

Il prenait plaisir à s'entretenir amicalement avec les soldats qui lui témoignaient leur joie de le voir au milieu d'eux.

Dans ses heures de loisir, le Prince écrivait un journal de ses impressions, qu'il transmettait à l'Impératrice, et lisait les campagnes d'Iéna et d'Eylau dans l'ouvrage de M. Thiers.

Le dimanche, il assistait avec l'Empereur, le prince Napoléon, les maréchaux et tous leurs états-majors, à une grand'messe militaire solennelle dite par l'évêque de Metz dans la vieille cathédrale de l'antique cité austrasienne.

Le 1er août, il accompagnait l'Empereur à Saint-Avold, visitait avec lui nos avant-postes et assistait à un conseil de guerre tenu sur l'extrême frontière.

Nous savons de bonne source, qu'au milieu de la campagne, de l'agitation de la vie des camps, le Prince n'a jamais manqué ses prières du matin et du soir.

Le 2 août, mardi, avait lieu l'affaire de Saar-brück.

Si d'abord on eut le tort de trop faire sonner ce

premier succès, par contre, plus tard, l'esprit d'opposition l'a aussi infiniment trop rabaissé.

Laissons-le ce qu'il fut, un heureux engagement qui coûta des morts et des blessés aux deux parties, dans lequel le Prince Impérial fit très-réellement preuve d'un courage et d'un sang-froid fort au-dessus de son âge.

Constatons aussi que Saarbrück, ville de 15,000 âmes, située au-delà de la Sarre, a été occupée par nos troupes pendant quelques jours ; quelque faible que soit ce succès, ne nous en privons donc point par esprit de parti.

Le matin donc, l'Empereur et le Prince Impérial montent à cheval et se dirigent vers Saarbrück.

Une division du corps Frossard attaqua le pont sur la Sarre, et les hauteurs, défendues par plusieurs régiments d'infanterie, quelques escadrons et quelques batteries prussiennes.

Le terrain de manœuvre qui couronnait la hauteur, une ferme et une auberge nommées Zur Bellevue, sont enlevées par notre infanterie sous les yeux de l'Empereur et du Prince Impérial, tous deux à cheval et très en vue.

Nos troupes s'avancent ensuite sur le terrain de manœuvre, pour aller enlever le pont.

L'Empereur et son fils arrivent à trois cents mètres du pont et sont accueillis par de grandes acclamations.

Plusieurs obus tombent sur le champ de manœuvre, les balles sifflent autour du groupe Impérial.

Le Prince ôte son képi pour saluer cette première décharge, et ramasse une des balles tombées près de lui.

Les mitrailleuses sont mises en batterie et leurs premiers coups débusquent les Prussiens du pont de Saint-Jean.

Des obus tombent, non sur la ville, mais sur la gare du chemin de fer où l'ennemi s'était réfugié et y mettent le feu ; les Prussiens se retirent, l'Empereur fait cesser le feu et nos troupes entrent à Saarbrück qu'elles occupent quatre jours.

Le soir, l'Empereur rentrait à Metz, et quelques heures après, le Prince racontait le combat à un de ses amis, avec l'enthousiasme bien naturel chez un jeune homme aussi en vue, qui vient de subir le baptême du feu.

Il disait à cet ami, que sa première pensée en arrivant sur le terrain, avait été de recommander son âme à Dieu par une courte, mais confiante prière ; il dessinait un plan détaillé de Saarbrück, des emplacements occupés par nos troupes, et celles de l'ennemi, et le donnait à cet ami qui le conservera toujours comme le plus précieux souvenir.

Quatre jours après, le 6, nos malheurs commençaient à Wœrth et à Spickeren ; bien qu'encore plein d'une confiance toute juvénile et française, le Prince Impérial en comprit toute l'importance ; il devint triste et redoubla de soins, de tendresse respectueuse pour son père.

Les événements se succédèrent rapidement.

Après la bataille de Borny, Napoléon III et le Prince, ayant quitté Metz, passèrent la nuit à Longeville - sur - Moselle, dans la maison du colonel Henocque.

Le lendemain ma 15, de très-b nne heure, les

Prussiens parfaitement renseignés par leurs espions, sur les moindres mouvements de l'armée, envoyèrent plusieurs obus sur cette maison.

Un officier fut tué, plusieurs soldats atteints ; la vue du sang répandu si près de lui, impressionna vivement le bon cœur du Prince, qui alla de suite s'enquérir avec sollicitude de l'état des blessés.

Suivant le désir des Chambres, l'Empereur avait confié le commandement de l'armée au maréchal Bazaine, la retraite sur Verdun avait été résolue dans un conseil de guerre tenu à la préfecture par l'Empereur, le Maréchal et les divers chefs de corps.

Le 15 au soir, nos troupes gagnaient le plateau de Gravelotte, l'Empereur les y rejoignait et y couchait.

Le 16, de grand matin, commença la retraite sur Verdun, qui fut malheureusement coupée par l'ennemi dans la journée.

L'Empereur et le Prince Impérial gagnèrent Verdun escortés de quelques cent-gardes et d'un faible détachement de la garde, non sans avoir couru plusieurs fois le danger d'être enlevés par des partis d'uhlans.

Arrivés à Verdun, ils rejoignirent de suite Mac-Mahon au camp de Châlons ; on improvisa un train composé d'une locomotive et d'un wagon de troisième classe, dans lequel l'Empereur et le Prince Impérial montèrent.

Pendant les tristes jours qui suivirent, le Prince ne quitta pas l'Empereur d'un instant, et Napoléon III partagea toutes les marches, toutes les fatigues de l'armée, encourageant les soldats, leur parlant de la

France dont le salut dépendait de leur dévouement.

La veille des trois sanglantes journées de Sedan, l'Empereur prévoyant bien une action décisive, ne voulut pas risquer dans des périls qu'il était résolu d'affronter tous, cette tête si chère qui pouvait un jour devenir un besoin pour la France.

Malgré ses larmes et ses supplications, le Prince fut dirigé sur Mézières pour y attendre les événements ; il était accompagné des commandants comte Clary et Duperré, ses aides-de-camp, du comte d'Aure, son écuyer.

La séparation du père et du fils, dans un moment si solennel, en présence d'un avenir si sombre, fut navrante.

Oh ! certes, l'Empereur pouvait bien aussi ce jour là, échapper aux combats, à la captivité, on le lui conseillait ou l'en priait, il refusa énergiquement, décidé à partager les dangers et le sort de l'armée jusqu'à la fin.

Trois jours après, le Prince apprenait à Mézières les fatales mais glorieuses journées de Sedan, la captivité de l'Empereur; rien ne peut rendre les transports de douleur du pauvre enfant.

On lui fit alors gagner Maubeuge, qu'il quitta pour se rendre en Belgique après la triste révolution, — émeute du 4 septembre.

Le Roi des Belges mit avec courtoisie un vapeur à la disposition du Prince, qui s'embarqua à Ostende pour l'Angleterre.

Il rejoignit l'Impératrice qui avait gagné Hastings après bien des dangers et des péripéties de toutes sortes, et cette réunion fut le premier moment de bonheur ressenti par la mère et le fils depuis bien des jours.

Peu de temps après, l'Empereur ayant formellement refusé à sa femme et à son fils de venir partager sa captivité sous le climat rigoureux de Wilhelmshœhe, l'Impératrice et le Prince allèrent habiter Chislehurst, que sa Majesté ne quitta plus que pour une visite de quelques jours à Wilhelmshœhe.

II

EN EXIL

Une grande maison de campagne, nommée Camden-Place, très-simple, enfermée dans un parc de moyenne étendue, le tout situé dans un village du Comté de Kent appelé Chislehurst, voilà la résidence actuelle de la famille Impériale de France.

Chislehurst possède une église et un curé catholique, privilége bien rare dans la campagne anglaise. Situé à 6 lieues de Londres, et sur le chemin de fer, les professeurs peuvent s'y rendre aisément; tels sont les deux motifs qui l'ont fait choisir.

Quelques amis fidèles, parmi lesquels je citerai le duc de Bassano, grand-chambellan, le comte et la comtesse Clary, madame de Saulcy, mademoiselle de Larminat, le comte Davilliers, M. Piétri, secrétaire de l'Empereur, le baron Corvisart, le docteur Conneau et son fils, M. Filon, précepteur du Prince, plus digne et plus simple à la fois que celle de Chislehurst.

L'Empereur et l'Impératrice, dont la générosité et la charité étaient sans bornes, ne possèdent absolument que leur fortune privée, deux cent mille livres de rente, ce qui est peu dans leur position, surtout en Angleterre et avec leurs habitudes de bienfaisance.

Ils n'ont qu'une voiture et longtemps n'en ont pas eu, mais on à tenu a conserver des chevaux de selle pour le Prince; aussi, n'est-il par rare de voir l'Impératrice et une de ses dames, se rendre à pied le matin soit à l'Eglise ou à la gare, un parapluie à la main, si le temps est mauvais.

La table est convenablement servie, mais il n'y paraît jamais aucun vin fin; le décolletage est absoment banni; l'Impératrice est en robe montante, presque toujours de couleur sombre, mais elle n'a rien perdu de son exquise distinction, de sa grâce souveraine.

A l'occasion de la nouvelle année, le Prince Impériale a écrit de lui-même au Souverain Pontife, son auguste parrain, la lettre la plus filiale, la plus dévouée et la plus charmante que l'on puisse imaginer.

Pie IX en a été fort touché, et a répondu de suite une lettre autographe au Prince son filleul.

Le cardinal Prince Bonaparte (Lucien-Napoléon), qui depuis le sacrilége envahissement de Rome, n'est pas sorti du Vatican et n'a pas quitté le Saint-Père, écrit souvent aussi au Prince Impérial, et chaque fois le Saint-Père lui donne sa bénédiction apostolique pour le Prince et toute la famille Impériale.

La sainte Princesse Clotilde; la Princesse Constance Bonaparte, abbesse du Sacré-Cœur de Rome, ont aussi écrit au Prince et à l'Impératrice, pour les assurer de leur vive affection, de leurs constantes prières.

Au milieu de tant d'épreuves et de basses calomnies, une bien grande joie était ménagée à la famille Impériale.

Le 19 mars, Napoléon III était enfin mis en liberté, le 20 il arrivait à Douvres, où l'Impératrice, le Prince Impérial, les Princes Bonaparte, Murat, les duchesses de Mouchy, d'Albe, et un grand nombre de Français s'étaient portés à sa rencontre.

Tous les magistrats, les autorités de Douvres, vinrent complimenter l'Empereur à sa descente du bateau, et la population lui fit un accueil d'un enthousiasme indescriptible.

Le martyre du vénérable abbé Deguerry, qui avait été pendant 20 ans le confesseur de l'Impératrice, auquel l'Empereur avait confié l'éducation religieuse de son fils, causa un violent chagrin à Chislehurst.

L'Impératrice prit le deuil et le Prince Impérial versa d'abondantes larmes sur celui qui avait été son guide, son ami, et qui adoucissait son exil, par des conseils pleins de cœur, des lettres du caractère le plus élevé.

La Reine d'Angleterre, le Prince et la Princesse de Galles, sont venus deux fois et les premiers, rendre visite aux Augustes exilés.

Les Princes d'Angleterre, la grande duchesse Marie de Russie et la princesse Marie de Bade (cousines-germaines de Napoléon III), le grand-duc Alexis, les princes de Leuchtenberg, le prince Oscar de Suède, les ducs de Huescar, d'Albuquerque, de Sotomayor, toute la haute aristocratie et de nombreux membres du clergé catholique anglais ont suivi cet exemple.

C'est par milliers qu'il faudrait compter les visites venues de France; nous citerons cependant celles : des ducs de Padoue, de Montmorency, de Cambacérès, de Cadore, de Mouchy, de Conégliano, de-Trévise, de Gramont, de Tarente; les princes Murat, de la Moskowa, Poniatowski; les marquis de Gricourt, de Bassano, de Contades, de Castelbajac, de Las Marimas, de Lagrange, d'Ayguesvives, de Lawœstine; des comtes Costa de Beauregard, de Turenne, de Flamarens, de Bouville, de Cossé-Brissac, Aguado, de la Bédoyère, du Manoir, de Pourtalès, de Lezay-Marnésia; de monseigneur Bauer, de l'abbé Cadoret, des généraux Douay, d'Espeuilles, Pajol, Castelnau; le baron Lambert et son fils; M. de Lesseps, les barons de Farincourt, de Pierres ; de la Noue-Billault, de Saint-Paul, de la Turmelière, Cornuau, Boinvilliers, Rainbeaux, Arrighi de Casanova, de Saint-Albin, Carette, David, de Crény; les vicomtes Walsh, de Lauriston, de Castex; MM. Rouher, de Saulcy, Pinard, Bernier, de Gardonne, Abatucci, Levert, Chevreau, etc., etc...

Le 15 août, l'église de Chislehurst était comble de Français de distinction; le même jour, les dames de la halle de Paris envoyaient à l'Empereur un superbe bouquet; 140 commerçants de Paris, une adresse de fidélité.

A Paris, à Fontainebleau, à Harfleur, dans bien des points de la France, des messes étaient célébrées ce jour-là, à l'intention de l'Empereur ; il en fut de même le jour de la Saint-Louis.

Le 1er septembre, triste anniversaire de la bataille de Sedan, seul, de grand matin, Napoléon III alla assister à la première messe, sans en avoir . prévenu personne de son entourage.

Je termine, j'ai essayé de montrer ce que fut pendant la campagne et dans l'exil, l'héritier des Bonaparte, des Beauharnais et des Guzman ; ce noble jeune homme qui n'a au cœur que deux passions : Dieu et la France.

Je me reprocherais cependant de finir sans citer deux mots qui le peignent tout entier :

« Bien que je sois en exil, disait-il, j'aime mieux être où je suis qu'à la place de Victor-Emmanuel. »

Puis : « je voudrais rendre quatre chose à la France : la Foi, l'Ordre, l'Alsace et la Lorraine. »

Tout ce que j'ai avancé, je le tiens de source absolument certaine ; mon récit aura peut-être semblé un peu long ? je n'avais qu'une pensée, prouver que le Prince Impérial, au milieu de tant d'épreuves, a toujours été digne de son nom, de sa naissance sur le premier trône du monde et de la France.

La protection divine, les prières du Pontife infaillible et des nombreux amis fidèles, l'appel de la France feront le reste.

FONTAINEBLEAU, IMPRIMERIE ET LITHOGRAPHIE ERNEST BOURGES.